Das Ultimative
Leoparden
Buch für Kids

100+ unglaubliche Fakten über Leoparden, Fotos, Quiz und mehr

Jenny Kellett

Copyright © 2022 by Jenny Kellett

Leoparden: Das Ultimative Leopardenbuch für Kids
www.bellanovabooks.com

Alle Rechte vorbehalten. Kein Teil dieses Buches darf ohne schriftliche Genehmigung des Autors in irgendeiner Form elektronisch oder mechanisch vervielfältigt werden, auch nicht durch Fotokopieren, Aufzeichnen oder Speichern und Abrufen von Informationen.

PAPERBACK
ISBN: 9786197695311
Bellanova Books

Inhalt

Einleitung	4
Leoparden - Damals und heute	6
Eigenschaften	14
Ihr tägliches Leben	28
Leoparden Unterarten	45
Afrikanischer	46
Indischer	50
Java	52
Arabischer	56
Persischer	58
Amur	62
Indochinesischer	64
Sri Lanka	66
Schwarzer Panther	70
Von Geburt bis Erwachsenenalter	72
Leoparden und Menschen	86
Leoparden Schutz	90
Leoparden Quiz	96
Antworten	100
Wortsuche	102
Quellen	105

Einleitung

Der Leopard, der für sein schönes Fell berühmt ist, zeichnet sich im Vergleich zu anderen Wildkatzen durch seine kürzeren Beine und seinen großen Schädel aus. Außerdem ist er eine der anpassungsfähigsten Katzen der Welt, die in den unterschiedlichsten Lebensräumen überleben und gedeihen kann.

Also lasst uns mehr über diese erstaunliche Katze erfahren! Dann kannst du dein neues Wissen in unserem Leoparden-Quiz testen.

Bist du bereit? *Los geht's!*

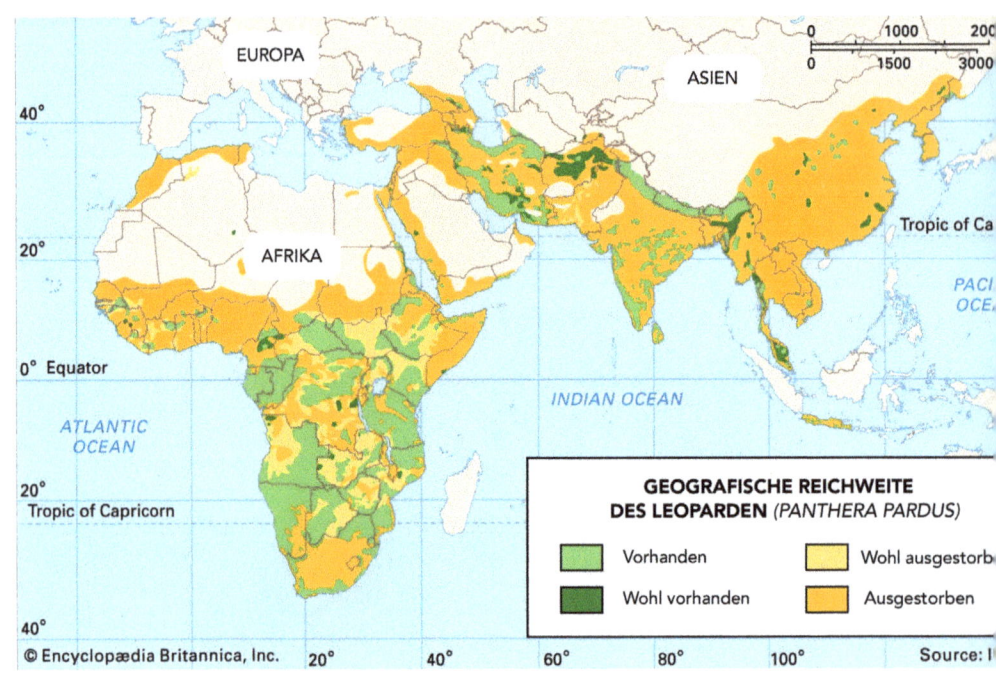

Das Verbreitungsgebiet der Leoparden, damals und heute.

Urheberrecht: Encyclopædia Britannica, Inc./Kenny Chmielewski

Leoparden: Damals und heute

Was sind Leoparden und wo leben sie?

Leoparden sind sehr eng mit Löwen, Tigern und Jaguaren verwandt, die alle zur Gattung *Panthera* gehören (alle Katzen in dieser Gruppe können brüllen). Trotz ihres Namens, gehören Schneeleoparden jedoch nicht zu dieser Gruppe.

Der nächste lebende Verwandte des Leoparden ist der Löwe.

Die frühesten Leopardenfossilien sind über 600.000 Jahre alt und wurden in Europa gefunden. Paläontologen haben auch in Japan Leopardenfossilien gefunden.

Von allen Großkatzen, sind die Leoparden am weitesten verbreitet. Du kannst Leoparden in Afrika, Asien und im Kaukasus finden.

Die Leoparden im fernen Osten Russlands leben in Gebieten, in denen die Wintertemperaturen bis zu -25 °C betragen können.

Afrikanischer Leopard.

Warum werden sie Leoparden genannt? Es wird angenommen, dass der Name Leopard von den griechischen Wörtern *leon* (Löwe) und *pardus* (Panther) stammt.

Obwohl Leoparden sehr anpassungsfähig sind, bevorzugen sie normalerweise felsige Gebiete mit vielen Pflanzen, in denen sie sich verstecken können. Leoparden können sogar in einigen städtischen Gebieten in Subsahara-Afrika gefunden werden.

Leoparden werden in der Roten Liste der bedrohten Arten der IUCN als **gefährdete Art** geführt; mehrere Unterarten sind jedoch stark gefährdet. Ihre Zahl schrumpft vor allem aufgrund von Lebensraumzerstörung und Wilderei.

Es mag verwirrend sein, aber die Katzenfamilie namens *Leopardus* umfasst keine Leoparden. Sie umfasst Katzen wie Ozelots, Margays und Pampas-Katzen.

Was ist das größte und einzige Raubtier des Leoparden? Der Mensch! Leider jagen die Menschen Leoparden wegen ihres schönen Fells.

Weibliche Leoparden heißen **Leopardinnen**.

Das Verbreitungsgebiet des Leoparden ist nur noch etwa 75 % von dem, was es im Jahr 1750 war.

Der wissenschaftliche Name für den Leoparden ist *panthera pardus*.

Afrikanische Leopardin.

DAS ULTIMATIVE LEOPARDENBUCH

Leoparden Eigenschaften

Größe, besondere Merkmale und mehr.

Gemessen am Gewicht sind Leoparden die stärksten Großkatzen.

Leoparden sind für ihre Wendigkeit bekannt. Sie können Geschwindigkeiten von bis zu 58 km/h erreichen.

Leoparden sind großartige Springer! Sie können bis zu 6 m weit springen.

Ein angreifender Leopard in Südafrika.

Bild: Rute Martins von Leoa's Photography

Leoparden lieben es, in Bäumen herumzulungern!

Leoparden können nicht nur springen, sie sind auch hervorragende Kletterer. Sie verbringen viel Zeit in den Bäumen.

Leoparden sehen Jaguaren am ähnlichsten, nur, dass sie einen helleren Rahmen haben und ihre Rosetten (Flecken) kleiner und weiter auseinander sind. Ihre Rosetten haben auch keine Flecken in der Mitte, wie die von Jaguaren.

Leoparden haben ein weiches und dickes Fell, mit noch weicherem Fell am Bauch.

Leoparden haben ein sehr gutes Gehör und Sehvermögen, was sie zu großartigen Jägern macht. Sie können fünfmal besser hören als Menschen.

Die Ohren der Leoparden sind klein und rund, mit schwarzen Markierungen auf dem Rücken. Diese Markierungen helfen den Jungen, ihre Mütter über dem hohen Gras zu sehen.

Leoparden sind die kleinsten Großkatzen. Der durchschnittliche Leopard ist zwischen 92 und 190 cm lang.

Leoparden haben vier Zehen an jedem Fuß, und die durchschnittliche Fußgröße eines männlichen Leoparden beträgt 9 cm, die eines weiblichen Leoparden beträgt 8 cm.

Leoparden können im Dunkeln siebenmal besser sehen als Menschen.

Die Rosetten der Leoparden helfen ihnen, sich vor Raubtieren zu tarnen, besonders wenn sie sich in Bäumen verstecken.

Die Farbe des Leopardenfells hängt davon ab, wo er lebt. Die Grundfarbe des Leopardenfells ist in kälteren Klimazonen eher gräulich und in wärmeren, tropischen Klimazonen eher golden.

Der Schwanz eines Leoparden hat Ringe um sich herum und eine weiße Spitze.

Ostafrikanische Leoparden haben runde Flecken, während südafrikanische Leoparden quadratische Flecken haben. Asiatische Leoparden haben normalerweise größere Rosetten.

Ein Leopardenjunges aus Sri Lanka zeigt seinen Schwanz.

Leoparden sind gute Schwimmer und fressen manchmal Fische und Krabben, die sie fangen.

Im Durchschnitt wiegen Leoparden 50 bis 90 kg und sind bis zu 210 cm lang. Sie variieren jedoch stark in ihrer Größe und können noch größer werden!

Männliche Leoparden sind größer als weibliche, haben einen stämmigeren Körper, einen größeren Schädel und Pfoten.

Der durchschnittliche Leopardenschwanz ist etwa 90 cm lang, aber er variiert von Unterart zu Unterart.

Die meisten Leoparden haben eine helle Grundfarbe mit dunklen Flecken und Rosetten. Rosetten werden so genannt, weil sie einer Rose ähneln.

Es gibt keine zwei Leoparden, die gleich aussehen - jeder hat sein eigenes, individuelles Muster.

Sobald sie das Erwachsenenalter erreicht haben, leben Leoparden in freier Wildbahn durchschnittlich 12-15 Jahre und in Gefangenschaft 22 Jahre.

Die älteste Leopardin in Gefangenschaft ist Raven, die am 15. Juli 1997 in Texas geboren wurde und damit 25 Jahre alt ist (2022).

Obwohl Leoparden, Geparden und Jaguare sehr ähnlich aussehen, ist es eigentlich ganz einfach, sie zu unterscheiden. Jaguare sind die größten, gefolgt von Leoparden; Geparden sind die kleinsten. Geparden haben eher Flecken als Rosetten, und Jaguare haben größere Rosetten mit Flecken in der Mitte.

Leoparden haben normalerweise grüne oder blaue Augen mit runden Pupillen.

DAS ULTIMATIVE LEOPARDENBUCH

Das tägliche Leben der Leoparden

Was machen Leoparden den ganzen Tag?!

Wie alle Katzen sind Leoparden **Fleischfresser (Karnivore)**, das heißt, sie fressen nur Fleisch.

Leoparden knurren, wenn sie wütend sind, und schnurren, wenn sie glücklich sind, genau wie Hauskatzen.

Ein Leopard, der seine Mahlzeit genießt.

Leoparden sind meist **Einzelgänger**; sie jagen und leben allein, außer die Weibchen mit ihren Jungen.

Im Krüger-Nationalpark, in Südafrika, halten sich Leoparden normalerweise etwa 1 km von anderen Leoparden entfernt. Männliche und weibliche Leoparden nehmen nur während der Paarungszeit Kontakt auf.

Bäume sind nicht nur nützlich, um sich darin zu verstecken - Leoparden können sogar von ihnen aus jagen! Sie vermischen sich mit den Blättern, bevor sie sich auf ihre Beute stürzen.
Leoparden leben in **Revieren** oder

Ein Leopard markiert sein Revier.

Urheberrecht: Lip Kee

Territorien. Sie markieren ihre Reviere mit Kratzern an Bäumen, Kot und Urin. Obwohl sich männliche und weibliche Territorien manchmal überschneiden, gibt es normalerweise Probleme, wenn ein anderer Leopard des gleichen Geschlechts ihr Territorium betritt!

Die Größe des Verbreitungsgebiets eines Leoparden hängt hauptsächlich davon ab, wie viel Nahrung er zur Verfügung hat. Je weniger Nahrung, desto größer der Lebensraum.

Leoparden sind sehr flüchtig und scheu, was es schwer macht, sie in freier Wildbahn zu finden. Asiatische Leoparden, die viel kleinere Katzen sind, jagen zu anderen Tageszeiten als Tiger, um

Abendessen auf Leopardenart fangen

Leoparden sind sehr heimliche Raubtiere! Sie sind als Lauerjäger (Jäger aus dem Hinterhalt) bekannt.

Wenn sie eine Mahlzeit erspähen, nähern sie sich ihr mit gesenktem Kopf und pirschen sich dann leise an, bis sie etwa fünf bis zehn Meter entfernt sind, bevor sie zuschlagen!

Wenn es sich um eine größere Beute handelt, beißt er ihr in den Hals oder die Kehle, um sie zu töten, oder wenn es sich um etwas Kleines wie eine Maus handelt, reißt er sie einfach mit seiner riesigen Pfote.

Ein Leopard auf einem Baum mit seiner Beute.

Danach ziehen sie ihre Beute normalerweise in die Bäume, um Aasfressern wie Löwen und Hyänen davon abzuhalten, sie zu stehlen.

Ein afrikanischer Leopard zeigt seine Kletterkünste.

Konkurrenz um Nahrung zu vermeiden.

Leoparden sind hauptsächlich **nachtaktiv**, das heißt, sie jagen normalerweise nachts. In Teilen Westafrikas wurden sie aber auch schon bei der Jagd am Tag gesehen.

Während ihrer Jagdzeit - zwischen Abend- und Morgendämmerung - können Leoparden bis zu 75 km weit laufen, je nachdem, wie viel Nahrung vorhanden ist. Obwohl Leoparden nachtaktiv sind, sonnen sie sich gelegentlich tagsüber!

Tagsüber ruhen sich Leoparden gerne aus. Normalerweise schlafen sie im Geäst von Bäumen, in felsigen Gebieten oder in dichten Büschen.

Leoparden fressen am liebsten mittelgroße Beutetiere, wie Impalas (eine afrikanische Antilopenart), Buschböcke und Axishirsche (oder ähnliche asiatische Arten). Gelegentlich jagen sie aber auch kleinere Raubtiere wie Geparden und Füchse.

Leoparden können für Landwirte ein Problem darstellen, da sie gerne Vieh wie Schafe und Hühner erbeuten und dafür bekannt sind, dass sie Menschen angreifen, wenn sie ihnen zu nahe kommen.

In der Dokumentation *"Eye of the Leopard"* auf National Geographic wurde ein wilder Leopard dabei erwischt, wie er einen Pavian tötete. Als sie bemerkte, dass es ein Jungtier hatte, trug sie es auf einen Baum und beschützte es, indem sie es wie ihr eigenes Junges streichelte und pflegte.

Leoparden sind meist leise, aber sie haben viele verschiedene Laute, mit denen sie bei Bedarf kommunizieren. Dies können heftiges Husten, tiefe Schnurrlaute, Miauen oder kehliges Knurren sein. Das Brüllen eines Leoparden wird als "Sägen" bezeichnet, da es wie das Sägen von Holz klingt.

Wissenschaftlerinnen und Wissenschaftler glauben, dass Leoparden auch visuelle Signale nutzen, um miteinander zu kommunizieren. Zum Beispiel sagen die weißen Spitzen an ihren Schwänzen anderen Leoparden: "Folge mir".

"Folge mir!" *Bild: Lee R. Berger*

Afrikanischer Leopard.

Männliche und weibliche Leoparden können sich gegenseitig mit Hilfe von Duftstoffen aufspüren. Das Weibchen setzt bestimmte Pheromone frei (eine spezielle Chemikalie, die Männchen anlockt), wenn sie bereit ist, sich zu paaren.

Täglich fressen männliche Leoparden im Durchschnitt etwa 3,5 kg, während die Weibchen etwa 2,8 kg pro Tag fressen.

Leoparden müssen nicht jeden Tag Wasser trinken, um zu überleben. Sie haben vielleicht nur alle paar Tage die Möglichkeit, Wasser zu trinken, aber sie können Wasser aus dem Blut ihrer Beute gewinnen.

Leoparden, die in der Kalahari-Wüste leben, wo es sehr wenig Wasser gibt, fressen manchmal wasserreiche Pflanzen wie Sukkulenten und Wassermelonen.

Leopardenjunge aus Sri Lanka.

Leoparden: Unterarten

Bis 1966 glaubten Naturforscher, dass es bis zu 27 verschiedene Unterarten des Leoparden gab. Heute ist man sich jedoch einig, dass es nur **neun Unterarten** gibt.

Leoparden wurden auch mit anderen Großkatzen gekreuzt, um **Hybride** zu bilden. Am häufigsten wird eine Löwin mit einem männlichen Leoparden gekreuzt, wodurch **Leopone** entstehen - allerdings ist das keine Unterart.

Sehen wir uns kurz die Unterschiede an und schaue dann, ob du die Unterarten der Leoparden in diesem Buch herausfinden kannst!

DAS ULTIMATIVE LEOPARDENBUCH

Afrikanischer Leopard

Panthera pardus pardus

Der Afrikanische Leopard ist die am weitesten verbreitete Unterart. Er lebt in den meisten afrikanischen Ländern, südlich der Sahara und in einigen wenigen Ländern in Nordafrika. Er hat das größte Verbreitungsgebiet von allen Leopardenarten. Zusätzlich ist er nachtaktiv und kann in den meisten Lebensräumen leben, außer in der sengend heißen Sandwüste.

DAS ULTIMATIVE LEOPARDENBUCH

Je nach Wohnort, kann die Fellfarbe sehr unterschiedlich sein. Sie haben gebrochene Rosetten mit einer gelb-cremefarbenen Mitte über einem Fell, dessen Farbe von blassgelb bis dunkelgold oder sogar schwarz variiert. Ihr Kopf, ihre unteren Gliedmaßen und ihr Bauch haben durchgehende schwarze Flecken. Rosette ist ein Elemnt mancher Fellzeichnungen bei Wildtieren.

Der Afrikanische Leopard hat den kürzesten Schwanz aller Unterarten. Er ist 68-80 Zentimeter lang. In Größe und Gewicht ist er dem Amur-Leoparden am ähnlichsten.

Indischer Leopard
Panthera pardus fusca

Der Indische Leopard lebt auf dem indischen Subkontinent in Nepal, Bhutan, Indien und Teilen von Pakistan. Er ist eine der fünf Großkatzen, die in diesen Regionen leben. Die anderen sind der Asiatische Löwe, der Bengalische Tiger, der Schneeleopard und der Nebelparder.

Wenn du das Fell des Indischen Leoparden ansiehst, siehst du, dass es schwarze Flecken und Rosetten auf einem hellgelben bis goldenen Hintergrund hat. Die Rosetten des Indischen Leoparden sind die Kleinsten der asiatischen Leoparden und verschmelzen farblich mit dem weißen Bauch und den Innenseiten der Beine. Die Markierungen des indischen Leoparden sind am deutlichsten auf dem Rücken und den Seiten.

Indischer Leopard. *Bild: Pawan Jaidka*

Im Vergleich zu afrikanischen Leoparden haben indische Leoparden eine andere Ernährung. Ihre Lieblingsspeisen sind Axishirsche, Sambare (auch Pferdehirsche genannt) und Languren (eine Affenart) - aber sie sind immer noch opportunistische Jäger, das heißt, sie sind nicht wählerisch und sie jagen auch Fleckenhirsche, Wildschweine, Rinder, Hasen, Hunde und Stachelschweine.

Javaleopard

Panthera pardus melas

Der Javaleopard ist eine vom Aussterben bedrohte Unterart, die nur in den tropischen Regenwäldern auf der indonesischen Insel Java vorkommt.

Es gibt nur noch etwa 350 Exemplare in freier Wildbahn, teilweise, weil die Bevölkerung Javas so schnell wächst und der Lebensraum des Javaleoparden zerstört wird.

Der Javaleopard wird manchmal auch als schwarzer Panther bezeichnet, weil er oft dunkles Fell hat - allerdings sehen nicht alle Javaleoparden so aus. Die meisten Javaleoparden haben eine hellbraune Grundfarbe mit schwarzen Flecken am Körper und silbergrauen Augen.

Da Java über 90 Prozent seines natürlichen Lebensraums verloren hat, wird die Nahrung für Leoparden leider immer knapper.

Arabischer Leopard

Panthera pardus nimr

Der Arabische Leopard ist eine vom Aussterben **bedrohte Unterart**, d.h. er ist sehr stark vom Aussterben bedroht. Er ist die kleinste Unterart des Leoparden und lebt in kleinen Populationen auf der arabischen Halbinsel, in Ländern wie Jemen und Oman.

Das Fell des Arabischen Leoparden variiert von hellgelb bis tiefgolden, gelbbraun oder grau - mit schwarzen Rosetten. Im Gegensatz zu anderen Unterarten lagert der Arabische Leopard seine Beute nicht in Bäumen. Stattdessen bringt er sie in einen Unterschlupf oder eine Höhle, um sie zu schützen.

Arabischer Leopard. *Bild: Land Rover Our Planet auf Flickr.*

Sie sind meist nachtaktiv, werden aber manchmal auch tagsüber gesehen. Ihre übliche Nahrung ist die arabische Gazelle, der nubische Steinbock, der Kaphase, die Klippschliefer, das Stachelschwein, der Äthiopische Igel sowie kleine Nagetiere, Vögel und Insekten.

DAS ULTIMATIVE LEOPARDENBUCH

Persischer Leopard

Panthera pardus tulliana

Der Persische Leopard lebt in einem Gebiet, das als iranische Hochebene bekannt ist und die Türkei, das Kaukasusgebirge, Iran, Turkmenistan und Afghanistan umfasst. Er ist auch als kaukasischer oder anatolischer Leopard bekannt und eine vom Aussterben bedrohte Unterart mit weniger als 1.000 Exemplaren in freier Wildbahn.

DAS ULTIMATIVE LEOPARDENBUCH

Persische Leopardenjungen.

Das Fell des Persischen Leoparden ist grau und leicht rötlich und hat große Rosetten an den Seiten und am Rücken. Der Rest des Körpers hat kleinere Rosetten, während der Kopf und der Hals Flecken haben. Je nachdem, wo sie leben, haben sie leicht unterschiedliche Farben. Im Iran gibt es sowohl helle als auch dunkle Persische Leoparden.

Die größte Unterart des Leoparden hat eine durchschnittliche Körperlänge von 158 cm und einen Schwanz von 94 cm. Sie können bis zu 60 kg wiegen.

Amur Leopard
Panthera pardus orientalis

Der Amur-Leopard gilt als die seltenste Katzenart der Welt. Er lebt im Südosten Russlands und im Norden Chinas. Es gibt weniger als 110 Exemplare in freier Wildbahn und etwa 180 in Gefangenschaft.

Sie sind sehr gut an das Leben in kalten, schneereichen Klimazonen angepasst und lassen sich leicht von anderen Unterarten durch ihr langes, dickes Fell unterscheiden, das perfekt für das Leben in den Bergen ist. Ihre Rosetten sind groß und ausgebreitet, besonders an

Amur-Leopard. *Bild: Art G.*

den Seiten, und ihr Winterfell ist dunkler als im Sommer.

Auch als **Fernöstlicher Leopard** bekannt, ist der Amur-Leopard ziemlich klein. Die Männchen wiegen 32,2–48 kg, die Weibchen 25–42,5 kg.

Indochinesischer Leopard

Panthera pardus delacouri

Der Indochinesische Leopard ist auf dem südostasiatischen Festland in Ländern wie Thailand, Myanmar und Malaysia sowie in Südchina beheimatet. Er ist akut vom Aussterben bedroht und lebt nur noch auf 80 Prozent der Fläche, die er noch vor zwanzig Jahren besiedelt hat. Es gibt schätzungsweise 973-2.503 Tiere in freier Wildbahn.

Indochinesischer Leopard im Zoo von Saigon, Vietnam. *Bild: Tomáš Najer*

Der Indochinesische Leopard hat eine schöne rostrote Grundfarbe, die an den Seiten blasser ist. Ihre Rosetten sind recht klein und dicht beieinander, ihr Fell ist kurz. Je weiter südlich sie leben, desto dunkler wird ihr Fell - manche sind sogar fast ganz schwarz.

DAS ULTIMATIVE LEOPARDENBUCH

Sri-Lanka-Leopard
Panthera pardus kotiya

Der Sri-Lanka-Leopard lebt in einer Vielzahl von Lebensräumen auf der Insel Sri Lanka, darunter Teeplantagen, Wälder, Hausgärten der Menschen und Eukalyptusplantagen.

Er ist weit verbreitet und steht auf der Liste der **gefährdeten Arten**, was bedeutet, dass seine Anzahl abnimmt, aber er ist noch nicht vom Aussterben bedroht.

Ein Sri-Lanka-Leopard. *Bild: Dinuka Kavinda*

Er hat ein hellbraunes oder rostfarbenes Fell, mit Rosetten, die kleiner sind als die des indischen Leoparden. Der Sri-Lanka-Leopard ist ziemlich groß. Wissenschaftler glauben, dass das daran liegt, dass er ein **Spitzenprädator** ist, d.h. er hat keine natürlichen Feinde und daher nie viel Konkurrenz um Nahrung. Leopardinnen aus Sri Lanka wiegen durchschnittlich 30 kg, während die Männchen etwa 55-70 kg wiegen.

Wie andere Unterarten ist der Sri-Lanka-Leopard nicht übermäßig wählerisch in Bezug auf das, was er isst. Seine übliche Nahrung besteht jedoch aus sri-lankischen Achsenhirschen (wenn er in trockenen Gebieten lebt), Pferdehirschen, bellenden Hirschen, Wildschweinen und Affen.

Schwarzer Panther

Der Schwarze Panther ist per se keine Unterart des Leoparden. Jeder Leopard, der **melanistisch** ist, d.h. dass er ein Gen hat, das für zusätzliches schwarzes Pigment in seiner Haut oder seinem Fell sorgt, wird als schwarzer Panther bezeichnet. Schwarze Panther können auch melanistische Jaguare sein.

Schwarze Leoparden haben immer noch Rosetten. Allerdings sind sie schwer zu erkennen, da ihre Grundfarbe ebenfalls schwarz ist. Am häufigsten sind sie in den tropischen Regenwäldern Asiens anzutreffen, und jede Unterart des

Ein weiblicher, schwarzer Leopard. *Bild: Gary Whyte*

Leoparden kann ein "schwarzer Panther" sein, allerdings sind die indischen und indochinesischen Leoparden am häufigsten. In Afrika ist der schwarze Panther die seltenste Großkatze des Kontinents. Schwarze Jaguare leben auf dem amerikanischen Kontinent in Mexiko, Costa Rica und Paraguay.

DAS ULTIMATIVE LEOPARDENBUCH

Von der Geburt bis zum Erwachsenenalter

Baby-Leoparden sind einige der entzückendsten Tiere, also lasst uns mehr über ihr frühes Leben erfahren.

Leopardenbabys werden **Jungtiere** genannt.

Wenn ein Jungtier geboren wird, ist es fast haarlos und wiegt nur 500 bis 600 Gramm. Die **Trächtigkeitsdauer** (wie lange die Schwangerschaft dauert) einer Leopardin beträgt etwa drei Monate oder 96 Tage.

Eine Leopardin mit ihrem Jungen.

Afrikanisches Leopardenjunges.

Bild: Chris Eason

Leopardinnen bringen normalerweise einen Wurf von zwei oder drei Jungen zur Welt. Sie gebären an einem sicheren Ort wie einer Höhle, einem hohlen Baumstamm oder einer Felsspalte.

In den ersten acht Wochen ihres Lebens werden die Jungen von ihren Müttern in einer Höhle oder einem Versteck untergebracht, um sie vor Raubtieren zu schützen. Die Höhle kann eine natürliche Höhle oder ein verlassenes Erdferkelloch sein. Die Mütter bringen ihre Jungen immer wieder von einem sicheren Ort zum anderen, bis sie bereit sind, allein loszuziehen.

Leopardenjungen verlassen die Höhle ihrer Mutter erst, wenn sie drei Monate alt sind.

Jungtiere saugen etwa drei Monate lang die Milch ihrer Mutter. Nach sechs oder sieben Wochen fangen sie zum ersten Mal, Fleisch zu essen.

Im Alter von 12-18 Monaten sind Leopardenjungen bereit, selbstständig zu leben. Normalerweise bleiben sie jedoch bei ihren Müttern, bis sie zwei Jahre alt sind.

Amur-Leopardenjunge.
Bild: Tambako The Jaguar @ Flickr

Ein Leopardenjunges zeigt uns seine Zähne.

Obwohl sich Leoparden das ganze Jahr über fortpflanzen können, gebären sie normalerweise während der Regenzeit, wenn es mehr Nahrung gibt.

Leopardenjungen haben eine gräuliche Farbe und ihre Flecken sind kaum sichtbar.

Jungtiere kommunizieren mit ihren Müttern mit einem "urr-urr"-Laut.

Es ist ein hartes Leben in der Wildnis. Traurigerweise sterben etwa 41-50 Prozent der wilden Leopardenjungen, bevor sie ein Jahr alt sind.

Leopardenjungen werden blind geboren. Sie öffnen ihre Augen, wenn sie etwa vier bis neun Tage alt sind, und ihre Augen sind in den ersten Monaten hellblau.

Das Fell von Jungtieren sieht normalerweise ziemlich dunkel aus, da ihre Flecken viel dichter beieinander liegen. Sie erscheinen heller, wenn sie größer werden und sich ihre Flecken ausbreiten. Ihr Fell ist normalerweise auch länger und weicher als das der Erwachsenen.

Schwarzes Leopardenjunges.

In den ersten Lebensmonaten ihrer Jungen jagt die Leopardin nur ganz in der Nähe ihrer Höhle.

Im Alter von etwa drei Monaten beginnen die Jungen, ihren Müttern auf die Jagd zu folgen.

DAS ULTIMATIVE LEOPARDENBUCH

Leoparden und Menschen

Seit Tausenden von Jahren haben Menschen und Leoparden eine besondere Beziehung. In vielen Ländern der Welt werden sie in Kunstwerken, Folklore und Mythologie dargestellt.

Der Persische Leopard ist das Nationaltier des Iran (zusammen mit dem Asiatischen Löwen).

Der Leopard ist auf den Wappen vieler verschiedener Länder zu sehen, darunter Benin, Malawi, Somalia und die Demokratische Republik Kongo.

In dem wunderbaren Buch *„Das Dschungelbuch"* von Rudyard Kipling gibt es einen indischen schwarzen Panther namens "Bagheera". Es gibt auch zwei Disney-Filme, die auf diesem Buch basieren - von 1967 und 2016.

In einem anderen Buch von Rudyard Kipling, *„Wie der Leopard seine Flecken bekam"*, wurde ein Leopard in Südafrika ohne Flecken geboren. Du musst die Geschichte lesen, um herauszufinden, was als nächstes passiert!

Die alten Römer hielten Leoparden in Gefangenschaft und setzten sie bei Hinrichtungen von Verbrechern ein.

DAS ULTIMATIVE LEOPARDENBUCH

Frühbyzantinisches Mosaik mit einem Leoparden.

Urheberrecht: Guillaume Piolle

Leoparden jagen keine Menschen und greifen Menschen seltener an als Löwen und Tiger. Allerdings greifen sie Menschen an, wenn sie sich bedroht fühlen oder wenn es einen Nahrungsmangel gibt.

Obwohl Leoparden nicht die gefährlichsten Katzen sind, gab es in der Vergangenheit einige berühmte menschenfressende Leoparden. Der bekannteste war der *Leopard von Panar*, der im frühen 20. Jahrhundert für mindestens 400 Tote verantwortlich war!

Leoparden wurden gezähmt und trainiert, um in Zirkussen aufzutreten. Dies ist heute jedoch weitgehend illegal.

Im 13. Jahrhundert wurden mehrere Leoparden in der Menagerie des Tower of London (einem frühen Zoo) von König John von England gehalten.

In der griechischen Mythologie war der Leopard ein Symbol für den Gott Dionysos, der einen Leoparden als Transportmittel benutzte.

Im Benin-Reich (einem ehemaligen Königreich im Südwesten Nigerias) galt der Leopard als der "König der Welt".

Bei den Olympischen Winterspielen 2014 in Sotschi war ein Leopard (neben einem Hasen und einem Eisbären) das Maskottchen der Spiele.

Ein Mosaik, das den griechischen Gott Dionysos auf einem Leoparden zeigt. 4. Jahrhundert v. Chr., Griechenland.

Leoparden-Schutz

Obwohl Leoparden, die am weitesten verbreiteten Großkatzen der Welt sind, sind sie immer noch eine vom Aussterben bedrohte Art. Allein in den letzten 22 Jahren hat sich ihr Verbreitungsgebiet um 31 Prozent verringert.

Einige Unterarten, darunter der Amur-Leopard, sind vom Aussterben bedroht und werden ohne die Hilfe von Naturschutzgruppen nicht mehr zu unseren Lebzeiten existieren. Die größten Gefahren für Leoparden sind die Zerstörung ihrer Lebensräume und die Wilderei (illegales Töten durch Menschen).

Einige der Organisationen, die am Schutz der Leoparde arbeitet.

Zum Glück gibt es viele Menschen und Organisationen, von denen einige unten verlinkt sind, denen die Zukunft der Leoparden sehr am Herzen liegt. Und jeder, auch du, hat die Möglichkeit zu helfen.

Wie kannst du helfen?

Leoparden brauchen Hilfe von Menschen wie dir, um das Bewusstsein für ihre Probleme zu schärfen. Du kannst viele Organisationen unterstützen, darunter Panthera.org, WWF, African Wildlife Foundation und die Wild Cats Conservation Alliance.

Durch diese Organisationen hast du die Möglichkeit, einen Leoparden zu adoptieren, Geld zu spenden und du erfährst über weitere Möglichkeiten, wie du helfen kannst.

Der **Internationale Leopardentag** wird jedes Jahr am 3. Mai gefeiert. Sein Zweck ist es, das weltweite Bewusstsein für die Probleme der Leoparden zu schärfen. Aber das ist nicht der einzige Tag, an dem wir an Leoparden denken sollten!

Hier sind einige andere Möglichkeiten, wie du helfen kannst, sie zu schützen:

- Anstelle von Geschenken zu deinem Geburtstag. Du kannst deine Freunde und Verwandten um Spenden für deine bevorzugte Leopardenhilfsorganisation bitten.
- Veranstalte einen Kuchenverkauf, um Geld zu sammeln.
- Sei ein Leoparden-Botschafter! Teile Informationen über die Probleme, mit denen Leoparden konfrontiert sind, in deinen sozialen Medien und sprich mit deinen Freunden und deiner Familie, um die Nachricht zu verbreiten.
- Adoptiere einen Leoparden (natürlich virtuell!) über die oben genannten Organisationen.
- Erkundige dich bei deinem örtlichen Zoo, an welchen Projekten er beteiligt ist und wie du helfen kannst.

LEOPARDEN-Quiz

Teste jetzt dein Wissen in unserem Leoparden-Quiz! Die Antworten findest du auf der folgenden Seite.

1. Wie wird ein weiblicher Leopard genannt?

2. Was ist kleiner, ein Gepard oder ein Leopard?

3. Leoparden können brüllen. Richtig oder falsch?

4. Welcher ist der engste lebende Verwandte des Leoparden?

5. Wie lautet der wissenschaftliche Name für den Leoparden?

6. Sind Leoparden Gruppentiere oder Einzelgänger?

7. Wie schnell können Leoparden rennen?

8. Welche Farbe haben die Augen von Leoparden?

9. Wie lange leben Leoparden?

10. Wie viele Unterarten des Leoparden gibt es? Bonuspunkte, wenn du sie benennen kannst!

11. Welche ist die größte Unterart des Leoparden?

12. Welche Unterart ist am stärksten vom Aussterben bedroht?

13. Welche Unterart des Leoparden lebt in Indonesien?

Indischer Leopard.

14. Wie lange ist die Trächtigkeitsdauer der Leopardinnen?

15. Wie viele Jungtiere haben Leopardinnen normalerweise?

16. Wann verlassen die Leopardenjungen zum ersten Mal den Bau ihrer Mutter?

17. Wann öffnen die Leopardenjungen ihre Augen?

18. Welche Unterart des Leoparden ist das Nationaltier des Iran?

19. Was ist der Unterschied zwischen Leoparden- und Jaguarrosetten?

20. Welche Unterart des Leoparden hat den kürzesten Schwanz?

Antworten:

1. Leopardin.
2. Gepard.
3. Richtig.
4. Löwe.
5. Panthera pardus
6. Einzelgänger.
7. Bis zu 58 km/h (36 mph).
8. Blau oder gold-grün.
9. 12-15 Jahre in freier Wildbahn und 22 Jahre in Gefangenschaft.
10. Neun. Afrikanisch, indisch, srilankisch, javanisch, arabisch, persisch, amurisch und indochinesisch.
11. Persisch.
12. Der Amur-Leopard.
13. Der Javaleopard.
14. 96 Tage, oder drei Monate.
15. Zwei bis drei.
16. Wenn sie drei Monate alt sind.
17. Im Alter von vier bis neun Tagen.
18. Persischer Leopard.
19. Jaguar-Rosetten sind größer und haben schwarze Flecken in der Mitte.
20. Der Afrikanische Leopard.

Sri-Lanka-Leopard.

Leoparden WORTSUCHE

W	D	S	S	F	D	S	Z	V	H	P	O
L	K	G	T	G	F	D	W	Z	B	F	Y
L	E	O	P	A	R	D	I	N	Y	E	T
Q	Y	P	Q	H	O	F	D	N	K	L	R
S	R	N	A	C	S	X	E	D	A	L	F
E	H	H	E	N	E	Z	E	G	R	N	G
F	G	G	F	B	T	S	A	A	N	G	B
F	F	F	D	A	T	H	G	M	I	F	V
G	D	S	K	B	E	H	E	U	V	D	Z
H	L	K	H	F	N	T	R	R	O	S	C
T	P	F	O	T	E	D	E	S	R	S	E
B	J	U	N	G	T	I	E	R	E	D	Z

Kannst du alle Wörter im Wortsuche Puzzle links finden?

LEOPARDIN   KATZEN   FELL

ROSETTEN   PFOTE   JUNGTIER

PANTHER   AMUR   KARNIVORE

DAS ULTIMATIVE LEOPARDENBUCH

Wortsuche Lösung

								F	
	L	E	O	P	A	R	D	I	N	E
		P		O			N	K	L
			A		S		E		A	L
				N	E	Z			R	
					T		A		N	
				A	T	H		M	I	
			K		E	H	E	U	V	
					N			R	O	
		P	F	O	T	E			R	
		J	U	N	G	T	I	E	R	E

Quellen

Kellett, Jenny. *The Big Big Cats Book for Kids* (2020). Available from Amazon.

OneKind, D. et al. (2022) *Amazing Facts about Leopards | OneKindPlanet Animal Education & Facts, OneKindPlanet.* Available at: https://onekindplanet.org/animal/leopard/ (Accessed: 7 June 2022).

Leopard | National Geographic (2022). Available at: https://www.nationalgeographic.com/animals/mammals/facts/leopard (Accessed: 7 June 2022).

leopard | Description, Habitat, & Facts (2022). Available at: https://www.britannica.com/animal/leopard (Accessed: 7 June 2022).

What is the difference between the African Leopard, the North Chinese Leopard, the Persian Leopard and the Snow Leopard? (2018). Available at: https://similarbutdifferentanimals.com/2018/11/17/what-is-the-difference-between-the-african-leopard-the-north-chinese-leopard-the-persian-leopard-and-the-snow-leopard (Accessed: 7 June 2022).

African leopard - Wikipedia (2022). Available at: https://en.wikipedia.org/wiki/African_leopard (Accessed: 7 June 2022).

FACTS ABOUT JAVAN LEOPARD (2022). Available at: https://www.balisafarimarinepark.com/facts-about-javan-leopard/ (Accessed: 9 June 2022).

Meet Our Animals | Amur leopard (2022). Available at: https://philadelphiazoo.org/animals/amur-leopard/#:~:text=The%20World's%20Rarest%20Big%20Cat,and%20only%20180%20in%20captivity. (Accessed: 13 June 2022).

Black panther - Wikipedia (2022). Available at: https://en.wikipedia.org/wiki/Black_panther (Accessed: 13 June

2022).

10 leopard facts! - National Geographic Kids (2019). Available at: https://www.natgeokids.com/uk/discover/animals/general-animals/leopard-facts/ (Accessed: 13 June 2022).

(2022) Escapesafarico.com. Available at: https://www.escapesafarico.com/post/international-leopard-day-2021-celebrating-leopards (Accessed: 13 June 2022).

Facts About Leopards (2014). Available at: https://www.livescience.com/27403-leopards.html (Accessed: 14 June 2022).

DAS ULTIMATIVE LEOPARDENBUCH

Wir hoffen du hast ein paar spannende Fakten über Leoparden gelernt!

Welcher war dein Favorit? Wir würden das gerne von dir in einer Bewertung erfahren.

Besuche uns auf www.bellanovabooks.com für noch mehr großartige Bücher.

Auch von Jenny Kellett

...und mehr!

www.ingramcontent.com/pod-product-compliance
Lightning Source LLC
LaVergne TN
LVHW050131080526
838202LV00061B/6469